AF336095

Le Japonais Parlé

J. BERJOT

Professeur agrégé de l'Université

Le Japonais Parlé

AVEC DES EXERCICES DE CONVERSATION

MIS A LA PORTÉE

DES ÉLÈVES DES LYCÉES ET COLLÈGES
ET DES ÉCOLES SUPÉRIEURES DE COMMERCE

PARIS

ERNEST LEROUX, ÉDITEUR

Libraire de la Société Asiatique, de l'École des Langues Orientales vivantes, etc.

28, RUE BONAPARTE, 28

—

1907

J. BERJOT

Professeur agrégé de l'Université

Le Japonais Parlé

AVEC DES EXERCICES DE CONVERSATION

MIS A LA PORTÉE

DES ÉLÈVES DES LYCÉES ET COLLÈGES
ET DES ÉCOLES SUPÉRIEURES DE COMMERCE

————— ❭❬ —————

PARIS

ERNEST LEROUX, ÉDITEUR

Libraire de la Société Asiatique, de l'École des Langues Orientales vivantes, etc.

28, RUE BONAPARTE, 28

—

1907

DÉDIÉ

A MONSIEUR

GABRIEL COMPAYRÉ

Membre de l'Institut
Commandeur de la Légion d'Honneur
Inspecteur Général de l'Instruction Publique

EN SOUVENIR DE L'HOMMAGE
QUE LE JAPON LUI A RENDU
EN TRADUISANT
A L'USAGE DES MAÎTRES ET DES ÉLÈVES
DE SES ÉCOLES
SES ŒUVRES DE PÉDAGOGIE

PRÉFACE

S'il est vrai de dire qu'un livre élémentaire est toujours assez complet, mais qu'il n'est jamais assez simple ni assez clair, c'est particulièrement à l'enseignement des langues orientales que ce mot peut s'appliquer.

Nous avons, tant en France qu'à l'étranger, nombre de grammaires japonaises, dont certaines sont fort savantes et largement documentées : nous manquons d'un livre qui, se contentant de nous exposer en quelques pages le mécanisme général et les principes de la langue nipponne, nous mette rapidement en mesure d'exprimer en cette langue les idées les plus simples et les plus ordinaires de la conversation, — aussi bien que d'aborder sûrement, si telle est notre ambition, une étude plus complète de la langue.

Combler cette lacune, mettre une sorte de petit *Lhomond* japonais à la disposition de nos jeunes Français, — tel a été le but que nous avons eu en vue en écrivant ce petit livre, sans nous flatter de l'avoir toujours atteint.

Cette publication nous paraît d'ailleurs venir à son heure, car elle coïncide avec la signature du traité d'amitié entre la France et le Japon, qui va nécessairement rendre nos relations avec ce grand pays plus nombreuses et plus étroites.

Si cet opuscule pouvait contribuer pour une part, — si minime fût-elle, — au développement de ces relations, nous nous tiendrions pour suffisamment récompensé de notre labeur.

OUVRAGES RECOMMANDÉS

pour une étude plus complète de la langue japonaise.

Aux personnes qui lisent l'allemand, nous recommandons tout d'abord :

SEIDEL. — *Grammatik der Japanischen Umgangsprache.* . . 2 fr. 50
SEIDEL. — *Grammatik der Japanischen Schriftsprache.* . . 2 fr. 50
Ces deux ouvrages, parfaitement ordonnés, sont d'une merveilleuse clarté.

Nous recommandons encore :

RAGUET ET ONO TOTA. — *Petit Dictionnaire français-japonais pour la conversation,* in-12 . . . . 10 fr. »
— *Abrégé de grammaire japonaise, au point de vue de la traduction du français.* . . . . 5 fr. 50
COURANT (Maurice). — *Grammaire japonaise parlée.* . . 8 fr. »
L'auteur de ce livre est un de nos orientalistes les plus distingués.

Tous ces ouvrages sont en vente chez l'éditeur E. Leroux.

Le Japonais Parlé

Le *japonais* ou **Nihon-go** *(langue [du] Nihon* **ou** *Japon)* est parlé dans tout l'archipel qui s'étend le long de la côte orientale du continent asiatique, des îles Kouriles au Nord aux îles Lou-Tcheou, au Sud, c'est-à-dire sur une longueur de huit cents lieues environ.

CHAPITRE Ier

ÉCRITURE. — PRONONCIATION

ÉCRITURE

Le japonais n'a *point d'alphabet* proprement dit. Il se sert d'un *syllabaire*, qui comprend 48 caractères, figurant un nombre égal de sons. 41 de ces caractères correspondent à nos syllabes : *ma, mi, mo,* etc. ; 7 à des lettres simples (aux voyelles *a, e, i, î, o, u* et à *n* final employé dans les syllabes où la voyelle est nasalisée).

Les Japonais n'écrivent point, comme nous, horizontalement, mais verticalement, de haut en bas, en colonnes étroites, à raison d'un caractère par ligne, et sans autre séparation particulière entre deux mots consécutifs. Ces colonnes se succèdent de droite à gauche, de même que la première page d'un livre japonais correspond à la dernière d'un des nôtres, et *vice versa*.

La lecture du japonais à l'aide du syllabaire ne présenterait point de difficultés sérieuses, s'il n'employait souvent dans l'écri-

*

ture, côte à côte avec les caractères du syllabaire, les caractères chinois, dont la connaissance, comme on sait, exige une étude longue et ardue.

PRONONCIATION (a)

La langue japonaise est, à quelques aspirations près, fort harmonieuse, en raison du grand nombre de voyelles qu'elle renferme. L'*accent tonique* y est peu marqué, comme en français. La prononciation n'offre guère de difficultés particulières. Il convient toutefois de remarquer les lettres ci-dessous, dont la prononciation dans notre système de transcription diffère plus ou moins de celle qu'elles ont en notre langue.

Voyelles. — e . . . . . . se prononce . . . . . . é
u . . . . — . . . . ou

Consonnes. — g est parfois nasal et se prononce **ng**
h devant *i* se prononce comme **ch** allemand
 Ex. : **hito**, *l'homme* (pr. *chito*)
j se prononce j (quelquefois. . . . **dj**).
n final est *tantôt nasal* : **Nihon**, *le Japon* (prononcez comme **bon**), *tantôt articulé* : **tak'san**, *beaucoup* (prononcez tak'**sann**.)
s est toujours dur, comme notre **ss**
w (devant a) se prononce. . . . . **ou**
ch . . . . — . . . . . . **tsch**
sh . . . . — . . . . . . **sch**
ty . . . . — . . . . . . **tch**

Diphtongues. — Chaque lettre se prononce séparément :
 Ex. : **takai**, pr. **takaï**
  arau, pr. **araou**

Il n'y a guère que quatre groupes de lettres : **di**, **ti**, **si**, **zi**, dont la prononciation présente une certaine difficulté et qu'il faudrait entendre de la bouche d'un maître. Cette prononciation n'est pas sans analogie avec celle du *ch* allemand.

(a) *Remarque.* — Nous avons adopté dans cet opuscule, pour la transcription phonétique des mots japonais en caractères latins, le système de transcription de l'orientaliste Seidel, où la plupart des lettres muettes sont remplacées par l'apostrophe, et qui nous a paru à divers titres le plus exact et le plus simple.

CHAPITRE II

PARTIES DU DISCOURS. — GENRE. — NOMBRE — CAS. — CONSTRUCTION

PARTIES DU DISCOURS

Les grammairiens japonais ne comptent que *trois* parties du discours : le *nom*, le *verbe* et les *particules* (prépositions, conjonctions, etc.).

En effet, le japonais n'a point d'*article* ;

l'*adjectif* n'y est autre chose que la forme participe du *verbe d'état* correspondant. Ainsi **samui**, *froid*, n'est au fond que le participe du verbe **samu**, *être froid*, et signifie en réalité *étant froid* ;

les *pronoms personnels et réfléchis* sont exprimés par des mots d'origine nominale ou même de véritables noms ;

les *adjectifs et pronoms possessifs* n'existent pas sous une forme particulière : on les rend à l'aide du génitif du pronom personnel correspondant :

ma maison = la maison de moi ;

le *pronom relatif* n'existe pas davantage, et notre *proposition relative* se rend par une proposition *participe* : *l'homme qui lit* se dit *l'homme lisant*.

GENRE

Les noms n'ont *point de genre* grammatical. On distingue seulement, s'il est besoin, le sexe des êtres animés par l'addition au substantif de syllabes correspondant à nos adjectifs *mâle* et *femelle*.

Inu, *chien* — **o.inu**, *chien mâle* — **mé.inu**, *chien femelle* (*chienne*).

NOMBRE

Le japonais n'a *pas non plus de formes spéciales pour le pluriel*, ni dans les noms, ni dans les adjectifs, ni dans les verbes.

Inu signifiera donc aussi bien *un chien*, *le chien*, que *des chiens* ou *les chiens*.

Seuls les pronoms personnels forment leur pluriel par l'adjonction au singulier de désinences spéciales.

CAS

Les substantifs (et pronoms) n'ont *pas de désinences casuelles* pour indiquer la fonction qu'ils remplissent dans la proposition. Leur rôle y est simplement marqué par les *particules* (ou *postpositions*, correspondant à nos *prépositions*) dont on les fait suivre et par la *place* qu'on leur donne à eux-mêmes dans la proposition (cf. *Construction*).

PARTICULES

Il n'est pas une seule fonction du nom (pronom) en japonais qui n'ait sa particule caractéristique.

1° Le *sujet* est suivi de **ga** ;

Le chien (1) (a) court (2). — **Inu (1) ga hashiri-mas' (2)**.

2° Le *complément* (*possessif* ou *déterminatif*) d'un autre nom, de **no** ;

La fleur (1) du cerisier (2) [est] blanche (3). — **Sakura (2) no hana (1) ga shiroi (3)**. (Cf. *Adjectif* et *Construction*.)

3° Le complément direct d'un verbe, de **wo** (pron. o).

L'enfant (1) lit (2) un livre (3). — **Kodomo (1) ga hon (3) wo yomi-mas' (2)**.

4° Le complément indirect d'attribution, de **ni**.

Donnez (1) du lait (2) à cet (3) enfant (4). — **Kono (3) kodomo (4) ni gyūnyū (2) wo yareyo (1)**.

5° L'attribut est suivi de **de** (dans les propositions négatives, de **de** ou **de wa**).

Il fait (1) beau (2) temps (3). — **Yoi (2) tenki (3) de gozarimas' (1)**.

Il faut remarquer que les particules ci-dessus sont souvent supprimées quand la clarté n'en souffre pas.

CONSTRUCTION

La construction est rigoureusement soumise à la règle ci-dessous, qui résume en quelque sorte l'esprit de la syntaxe japonaise :

Le déterminant (ou le mot dépendant) doit toujours **précéder** *le mot qu'il détermine (ou duquel il dépend)*.

Il suit de là que, comme nous l'avons vu par les exemples donnés ci-dessus :

(a) Les numéros dont nous faisons suivre certains mots dans nos exemples servent à établir la concordance entre le mot français et le mot japonais qui le traduit.

1° Le *complément déterminatif* d'un nom (en fr. marqué par *de*) précède ce nom (Cf. ex. 2° *supra*) ;

2° Le *complément indirect* précède le *complément direct*, qui lui-même précède le verbe (Cf. ex. 1° *supra*) ;

3° Le *complément de la préposition* précède toujours cette préposition (Cf. les divers ex. ci-dessus) ;

4° L'*adjectif qualificatif* précède le nom qu'il qualifie (Cf. ex. 5°/2).

De même 5° *l'attribut* se place devant le verbe, qu'il soit nom, adjectif, pronom interrogatif ou adverbe.

Ex. : L'*arbre (1) est (2) haut (3)*. **Ki (1) ga takai (3) de aru (2)**. — *Qui êtes-vous ?* se rendra de même par : *Vous qui êtes ?* — *Comment est-il ? = Il comment est ?*

6° *L'adverbe* précède l'adjectif ou le verbe qu'il modifie.

Ex. : *Cet (1) oiseau (2) vole (3) haut (4)*. — **Kono (1) tori (2) takaku (4) tobi-mas' (3)**.

Ces règles de construction ne s'appliquent pas seulement aux termes d'une même proposition ; elles s'étendent encore aux rapports des propositions entre elles. C'est ainsi que la proposition subordonnée, qui n'est en réalité qu'une sorte de complément de la principale, doit en japonais la précéder, et que la conjonction qui unit les deux propositions, au lieu de se placer en tête de la subordonnée, la suit, absolument comme la préposition suit son complément.

[Je] ne- sais (1) si (2) [j'] irai (vais) (3). — **Yuki-mas' (3) ka (2) wakari-masen' (1)**.

Le *complément du comparatif*, ou 2e terme de la comparaison, précède de même le 1er terme.

M. (1) A. (2) est (3) plus (4) grand (5) que (6) M. (7) B. (8). — **B. (8) san (7) yori (6) A. (2) san (1) mo (4) takai (5) des' (3)**.

La formation des *noms composés* se fait suivant la même loi (Cf. **Nihongo**, *le japonais = la langue du Japon = Japon langue*).

PARTICULE **wa**

Aux particules dont nous avons donné la liste, et qui servent à indiquer la fonction du nom dans la proposition, il convient d'en ajouter une qui joue en japonais un rôle considérable. C'est la particule **wa**, *quant à, en ce qui concerne*.

Cette particule sert, comme l'expression française correspondante, à appeler tout particulièrement l'attention sur le nom qu'elle suit, lequel doit toujours se placer en tête de la proposition, qu'il soit complément, sujet, etc. ; elle est d'ailleurs d'un emploi beaucoup plus fréquent en japonais que *quant à* en français.

Exemples

Complément direct. — [J']ai-lu (1) [cette] lettre (2), qui peut se rendre d'après ce que nous avons dit par : **Tegami (2) wo yomi-mash'ta** (1) deviendra, si l'on veut insister sur le mot *lettre* et le mettre en relief : **Tegami wa yomi-mash'ta.** = *Quant à cette lettre* (ou *cette lettre*), [je l'] *ai lue*

Complément déterminatif. — *La peau (1) de l'ours (2)* [*est*] *noire (3)*, qui régulièrement se rend par **Kuma (2) no kawa (1) ga kuroi (3)** deviendra, si l'on veut insister sur la peau de l'ours en particulier : **Kuma wa kawa**, etc. = *Quant à l'ours, sa peau*, etc.

Complément circonstanciel. — *L'hiver (1), les soirées (2)* [*sont*] *longues (3).* — **Fuyu (1) wa, yo 2 ga nagai (3).**

Complément d'un comparatif. — *M. A. est plus grand que M. B.* (Cf. page précédente) se rendra par : **A. san wa B. san yori mo takai des'**, si l'on veut insister sur la personne de *M. A.*

Sujet. — Mais c'est au sujet que *wa* s'emploie le plus fréquemment au lieu de **ga**, surtout avec les pronoms

Le chien (1) est (2) un animal 3. — **Inu (1) wa kemono (3) des' (2)** = *Le chien, c'est un animal*

Je (1) mange (2). — **Watak shi (1) wa taberu (2).**

Cet emploi fréquent de *wa* au sujet tient, comme nous le verrons, à la nature même du verbe japonais (Cf. *Verbe*)

CHAPITRE III

L'ADJECTIF

L'adjectif proprement dit se termine généralement en *i*.
Hayai, *rapide* ; **yoi**, *bon* , **warui**, *mauvais*.

Épithète. — Employé comme *épithète*, il précède le nom et garde toujours sa forme (en *i*), quel que soit d'ailleurs ce nom (sing. ou pluriel, masc. ou féminin).

Le cheval (1) rapide (2) } **Hayai (2) uma (1)**.
Les chevaux (1) rapides (2) }

Attribut. — L'adjectif *attribut* a la même forme que l'adjectif *épithète*. Il ne s'en distingue que par la place qu'il occupe, — après le nom ; mais il offre cette particularité remarquable que, toutes les fois qu'il se trouve en *contact immédiat* avec le verbe *être* (**aru**, **ari mas'**, **gozai-nas'**) [a], il perd sa forme *adjective* pour prendre la forme *adverbiale* correspondante (*simple* ou *contractée*).

Il suit de là que *notre adjectif attribut* se rend en japonais, suivant le cas, de trois façons différentes.

1° Il conserve la forme adjective toutes les fois que l'on sous-entend le verbe *être*, ce qui est toujours permis lorsque ce verbe est au présent et n'est point accompagné d'une négation.

Le cheval est rapide. — **Uma ga hayai** — ou lorsque ce verbe, tout exprimé qu'il est, est séparé de l'attribut par la particule **de**. **Uma ga hayai de aru (ari-mas', gozai-mas').**

2° Il prend la forme *adverbiale simple* : **hayaku (yoku, waruku)**, qui s'obtient en changeant la finale **i** de l'adjectif en **ku**, toutes les fois qu'il est construit avec **aru** ou **ari-mas'** (sans **de**). **Uma ga hayaku aru (ari-mas').**

3° Enfin il prend la forme *adverbiale contractée* **hayō (yō, warū)**, lorsqu'il est construit avec **gozai-mas'** (sans **de**). **Uma ga hayō gozai-mas'.**

On tire la forme *adverbiale contractée* de la forme adverbiale *simple* par la suppression de **k** et la contraction des deux voyelles précédant et suivant cette consonne, à savoir :

$$a.u, o.u \text{ en } \bar{o}$$
$$i u, u.u - \bar{u}$$

De même : *L'arbre (1) est (2) haut (3)* peut se rendre :

1° { **Ki (1) ga takai (3)**.
   { **Ki ga takai de aru (ari-mas', gozai-mas')**.
2° **Ki ga takaku aru (ari-mas')**.
3° **Ki ga takō gozai-mas'**.

---

[a] Le verbe *être* (ari) au présent a, comme on voit, 3 formes : **aru** (seulement avec les inférieurs), **ari-mas'** (forme polie), **gozari** ou **gozai-mas'** (forme très polie).

COMPARATIFS ET SUPERLATIFS

Le *comparatif* se rend à l'aide des adverbes **mō** (**motto**) = *plus* et de **yori** = *que*. Ce dernier peut, à lui tout seul, exprimer, avec le positif, l'idée du comparatif.

Ce (1) cheval (2) blanc (3) [est] plus (4) joli (5) que (6) celui-ci (7) (que ce cheval-ci). — **Kono** (7) **uma yori** (6) **ano** (1) **shiroi** (3) **uma** (2) **ga mo** (4) **kirei** (5) ou simplement **kirei** (sans **mo**).

Le *superlatif absolu* s'exprime à l'aide de **hanahada**, *très*, que l'on place devant l'adjectif.

Ce (1) riz (2) [est] très (3) chaud (4). — **Kono** (1) **meshi** (2) **wa hanahada** (3) **atsui** (4).

Le *superlatif relatif* se forme au moyen de **ichiban**, *en premier*, que l'on prépose à l'adjectif.

La montagne (1) la plus (2) haute 3). — **Ichiban** (2) **takai** (3) **yama** (1).

CHAPITRE IV

NOMS DE NOMBRE

CARDINAUX

De 1-10 —

le japonais a deux séries de formes, l'une d'origine japonaise, l'autre qui est empruntée à la langue chinoise.

Série japonaise.	*Série chinoise.*
1. hitots'	ichi
2. f'tats'	ni
3. mits'	san
4. yots'	shi
5. itsuts'	go
6. muts'	roku
7. nanats'	sh'chi
8. yats'	hachi
9. kokonots'	ku
10. tō	jū

Rem. — Ces nombres japonais se placent *après* le nom qui les accompagne, et qui ne peut être qu'un *nom de chose* :

6 *œufs* (1). — **tamago** (1) **muts**.

Rem. — Les nombres d'origine chinoise *précèdent* le nombre (généralement chinois) auquel ils sont joints et font le plus souvent corps avec lui

2 *heures.* — **ni.ji**

Au-dessus de 10 —

les noms de nombre chinois sont seuls employés. Aux 10 premiers, dont nous venons de donner la liste, s'en ajoutent seulement trois, à savoir :

> 100 — **hyaku**
> 1.000 — **sen**
> 10.000 — **man**.

Ces *treize* noms de nombre suffisent à la numération japonaise pour exprimer n'importe quel nombre.

Les noms des *multiples de 10* se forment (comme en français pour les centaines et les mille) en énonçant simplement le nombre de dizaines, centaines, etc., que l'on fait suivre des mots 10, 100, etc.

> 30 = 3.10 = **san.jû**   500 = **go.hyaku**
> 90 = 9.10 = **ku.jû**   6.000 = **roku.sen**

10.000 étant, comme on l'a vu, le plus fort multiple de 10 exprimé par un seul mot, tous les nombres qui lui sont supérieurs sont exprimés en fonction de ce nombre :

> 100.000 se dira donc 10.10000 = **jû.man**
> 1 million   100.10000 = **hyaku.man**
> 527.000   50.2.10000.7.1000 = **go.jû.ni.man**
>   **sh'chi.sen**

Les nombres composés de dizaines et d'unités s'énoncent en faisant suivre le chiffre des dizaines de celui des unités (comme dans le français *dix-sept, vingt-huit,* etc.)

> 11 = 10.1 = **jû.ichi**   59 = 5.10.9 = **go.jû.ku**

ORDINAUX

Les noms de nombre ordinaux se forment des noms de nombre cardinaux, que l'on fait précéder de **dai** (rang) ou suivre de **ban**. Quelquefois on emploie les deux procédés à la fois.

Le *1er* = **dai-ichi** = **ichi-ban** = **dai-ichi-ban**.

Avec les noms de nombre japonais, on remplace **ban** par **me**: le *4e*, **yots'me**.

CHAPITRE V

PRONOMS

PERSONNELS

1re PERSONNE

Singulier	*Pluriel*
watak'shi, *je, moi*	**watak'shidomo**, *nous*
(m. à m. *personnalité*)	

2e PERSONNE

anata, *tu, vous* (s'adressant à une seule personne)　　**anatagata**, *vous* (à plusieurs personnes)
(m. à m. *ce côté*)

3e PERSONNE

ano hito, *il*　　　　**ano hitotachi**, *ils, eux*
(m. à m. *cet homme*)

ano onna, *elle*　　　**ano onnatachi**, *elles*
(m. à m. *cette femme*)

On voit que les pronoms personnels forment leur pluriel par l'addition des désinences **domo**, **gata**, **tachi**.

Ils se déclinent, comme les noms, à l'aide des particules indiquées au chapitre II.

Les pronoms personnels s'emploient exclusivement des *personnes*. Dans les cas où le français emploie *il*, *elle*, pour désigner des *choses* déjà nommées, le japonais se contente d'exprimer le verbe (sans pronom), ou bien s'il est nécessaire pour la clarté, il emploie un pronom démonstratif = *celui-ci*, *celui-là* (Cf. *Pronoms démonstratifs*).

Ce (1) chapeau (2) est (3) à moi (de moi) (4). [Il] n'est-pas (5) à vous (de vous) (6).

Kono (1) bōshi (2) wa watak'shi (4) no des' (3). Anata (6) no de wa ari-masen' (5).

Cela (1) est (2) assez (3) bon (4). — **Kore (1) ga zuibun (3) goroshū (4)** (adv. contr. de **goroshii**) **gozai-mas' (2).**

Tous les pronoms personnels sont d'ailleurs beaucoup plus rarement exprimés qu'en français. On les remplace fréquemment aussi par des particules honorifiques, qui abondent en japonais.

Je devient ainsi *votre humble serviteur, votre disciple ;*

Vous   —   le maître, Votre Excellence, Votre Altesse, etc.

RÉFLÉCHIS

Le pronom réfléchi proprement dit manque en japonais. Nos verbes réfléchis n'y ont pas de correspondants. Quelquefois cependant on y rencontre, suivant les cas, **karada**, *le corps*, ou le nom de quelqu'une de ses parties, là où le français emploie *se*.

Se laver, se baigner, se dira : laver, baigner (1) le corps (2) (le visage). — **Karada (2) (kao) wo arau (1).**

POSSESSIFS

Le japonais n'a pas d'adjectifs ni de pronoms possessifs. Ils s'y remplacent par le génitif du pronom personnel correspondant.

Ma (ta, sa) maison se dira la maison (1) de moi (de toi, de lui, d'elle). — **Watak'shi no (anata no, ano hito no, ano onna no) ie (1).**

DÉMONSTRATIFS

Les adjectifs et pronoms démonstratifs, exprimés simplement en français par les *deux* termes opposés *ce ... ci* et *ce... là*, *celui-ci* et *celui-là*, le sont en japonais par *trois* mots différents, selon que l'objet indiqué se trouve :

1. près de celui qui parle ;

2. près de celui auquel il parle ;

3. plus ou moins loin de l'un et de l'autre (Cf. latin *hic, iste, ille*).

Adjectifs démonstr.	*Pronoms démonstr.*
1. **Kono**. — **Kono** (1) hon (2) — *Ce* (1) *livre-ci* (2) (*près de moi*).	1. **Kore** — *celui-ci, cela* (*qui est près de moi*).
2. **Sono**. — **Sono** hon — *Ce livre* (*qui est près de vous ou dont vous parlez*).	2. **Sore** — *cela* (*qui est près de vous ou dont vous parlez*).
3. **Ano**. — **Ano** hon — *Ce livre* (*qui est là-bas*).	3. **Are** — *celui-là, cela* (*qui est là-bas*).

Rem. — **Kore** et sore ne s'emploient que des choses ; **are**, des personnes et des choses.

Comme on peut le voir, les trois racines **ko**, **so**, **a**, dont dérivent les démonstratifs japonais, répondent en quelque sorte aux trois personnes du discours.

— Les pronoms démonstratifs se déclinent comme les noms.

RELATIFS

Le japonais n'a pas de pronom relatif. On y remplace, nous l'avons dit, notre proposition relative par une proposition participe.

L'homme qui vient = *l'homme* (1) *venant* (2). — **Kuru** (2) **hito** (1).

L'homme qui est venu = *l'homme* (1) *étant-venu* (2). — **Kita** (2) **hito** (1).

La maison que j'ai fait bâtir = *la maison* (1) *ayant-été-bâtie* (2) *par* (3) *moi* (4). — **Watak'shi** (4) **no** (3) **tateta** (2) **ie** (1).

INTERROGATIFS. — L'INTERROGATION EN GÉNÉRAL

Nous nous bornerons à donner ici les deux principaux pronoms interrogatifs :

    Dere, *qui ?*
    Nani, *quoi ? quel ?*

qui se déclinent comme les noms.

Qui (1) *êtes* (2)*-vous* (3) *?* (*Vous êtes qui ?* = *Vous qui êtes ?*) — **Anata** (3) **wa dare** (1) **des'** (2).

Que (1) *prenez* (*buvez*) (2)*-vous* (3) *?* (*Vous prenez quoi ?* = *Vous quoi prenez ?*) — **Anata** (3) **wa nani** (1) **nomi-mas'** (2) (*Cf. Construction.*)

On peut remarquer par ces deux exemples que l'*interrogation ne modifie en aucune façon l'ordre régulier des mots* tel que nous l'avons donné à l'article *Construction*, et que le pronom (adverbe) interrogatif, au lieu de commencer la proposition, comme il fait toujours en français, y conserve le rang qui lui est assigné par sa fonction d'après les règles ordinaires de la construction.

L'interrogation en général. — Cette règle s'applique également aux propositions interrogatives qui ne renferment point de pronom (adverbe) interrogatif. Le seul signe caractéristique de l'interrogation dans ces propositions consiste dans la simple addition, tout à la fin, de la particule **ka**, *est-ce-que ?*

Le cheval (1) court (2)-il ? — **Uma (1) ga hashiri-mas' (2) ka**.

Réponse par OUI, NON :

Oui = il [en] est (1) ainsi (2). — **Sō (2) des' (1)**.

Non = il n'[en] est-pas (1) ainsi (2). — **Sō (2) de wa ari-masen' (1)**.

On peut également répondre *oui* en reprenant simplement la phrase interrogative (sans **ka**), *non* en reprenant cette même phrase avec le verbe négatif. (Cf. plus loin *Conjugaison négative*.)

Oui = le cheval court. — **Uma ga hashiri-mas'**.

Non = le cheval ne court pas. — **Uma ga hashiri masen'**.

Remarque. — La particule **ka** *peut* s'ajouter même aux propositions construites avec un pronom interrogatif, pour renforcer l'interrogation.

Qui êtes-vous ? — **Anata wa dare des' ka**.

CHAPITRE VI

LE VERBE

Nature du verbe. — On peut dire qu'un des traits distinctifs de la langue japonaise est dans le caractère *impersonnel* et *nominal* de son verbe.

L'action, dans nos langues indo-européennes, est considérée comme *faite* ou *subie* par le sujet, dont l'influence sur le verbe se manifeste clairement par l'accord de ce dernier avec lui en nombre et en personne.

Il n'en va pas de même en japonais : l'action y est considérée comme se faisant en dehors du sujet, lequel s'y trouve simplement *intéressé* au lieu de la *produire* ou de la *subir*, et forme avec la particule **wa** (déjà vue) une sorte de *cas absolu* à côté du verbe.

Ainsi *l'homme mange* se dira en japonais : *En-ce-qui-concerne (1) l'homme (2), action-de-manger-actuellement (3).* — **Hito** (2) **wa** (1) **taberu** (3). — *L'homme a mangé = En ce-qui concerne l'homme, action-de-manger-antérieurement (d'avoir mangé).* — **Hito wa tabeta**.

Avec **ga**, particule du sujet comme **wa** et qui signifiait originairement *de*, le sens littéral de : **Hito** (1) **ga** (2) **taberu** (3) sera : *action-de-manger-actuellement (1) de (2 l'homme (3)*.

On voit par ces exemples que le verbe japonais est en somme un *véritable nom d'action* ou *nom verbal*, lequel, en raison de son *caractère impersonnel*, ne saurait prendre de désinences de *personne* ni de *nombre*, mais seulement, en tant que verbe, des désinences de *temps* et de *modes*. Il suit de là que le verbe japonais n'a qu'une forme à chaque temps, comme notre verbe impersonnel, et que les nombres et les personnes n'y sont indiqués que par le sujet.

RADICAL VERBAL

Le *radical* des verbes d'action japonais se termine en *e* ou en *i*. Comme dans nos langues, il exprime simplement le sens du verbe, abstraction faite de tout rapport de temps et de mode, l'expression de ces rapports appartenant aux désinences. Il ressemble d'ailleurs, comme le verbe complet vu plus haut, à un véritable substantif.

tabe, *le manger = l'action de manger* ⎱ (mais sans indication
konomi, *l'action d'aimer*   ⎰   de temps).

DÉSINENCES. — CONJUGAISON

Le radical verbal sert à former, à l'aide des désinences temporelles, deux conjugaisons, l'une *simple*, l'autre *périphrastique* ou *composée*.

Dans la conjugaison *simple*, on ajoute les désinences au radical lui-même :

watak'shi wa tabe.ta — *j'ai mangé (pour moi, l'act. de manger antérieurement [est])*

Dans la conjugaison *composée*, on fait suivre le radical du verbe de l'auxiliaire **mashi** (anciennement *être*), auquel on attache les désinences temporelles, le radical verbal demeurant invariable.

watak'shi wa tabe-mash'ta — *j'ai mangé (pour moi, l'action de manger a été)*.

Je mangerai se rendra de même dans la conjugaison simple par : **watak'shi wa tabe yō** (*pour moi, action de manger postérieurement (plus tard)*), dans la conjugaison composée par : **watak'shi wa tabe-mashō** (*pour moi l'action de manger sera*).

TABLEAU DES DÉSINENCES

Conjugaison simple			*Conjugaison de* **mashi**
Verbes en **e**	*Verbes en* **i**		*(auxiliaire de la conjug. composée).*
Présent, — **ru**	— **u**	Présent,	**mas'**
Passé, — **ta**	— **i) ta**	Passé,	**mash'ta**
Futur, — **yō**	— **ō**	Futur,	**mash ō**
Fut. ant., — **tarō** (*a*)	— **(i) tarō**	Fut. ant.,	**mash'tarō**
Impératif, — **yō**	— **e**	Impératif,	**mas é** ou **mashi**

CONJUGAISON DU VERBE **tabe**, *manger*.

Conjugaisons		*simple*	*composée*

PRÉSENT

			simple	composée
Je	*mange*	**watak'shi wa**		
Tu	*manges*	**anata wa**		
Il	*mange*	**ano hito wa**		
Elle	*mange*	**ano onna wa**		
Nous mangeons		**watak'shidomo wa**	**taberu**	**tabe-mas'**
Vous mangez		**anatagata wa**		
Ils	*mangent*	**ano hitotachi wa**		
Elles mangent		**ano onnatachi wa**		

PASSÉ

J'ai mangé, **watak'shi wa tabeta**, ou **watak'shi wa tabe-mash'ta**.

(*a*) Le futur antérieur, comme on voit, se forme du passé, auquel on ajoute simplement **arō**, futur de *être* (**ari**).

FUTUR

Je mangerai, **watak'shi wa tabeyō** ou **watak'shi wa tabe-mashō**.

FUTUR ANTÉRIEUR

J'aurai mangé, **watak'shi wa tabetarō**, ou **watak'shi wa tabe-mash'tarō**.

IMPÉRATIF

Mangez, **tabeyō** ou **tabe-masé** (mashi).

Hanashi, *parler*, fera de même :

Présent — **hanas'** (a) (hanasu) ou **hanashi-mas'**
Passé — **hanash'ta** ou **hanashi-mash'ta**
Futur — **hanasō** ou **hanashi-mashō**
Futur antérieur — **hanash'tarō** ou **hanashi-mash'tarō**

Remarque. — *Dans la conversation polie, on n'emploie guère les formes de la conjugaison simple que dans les propositions secondaires ou comme participes.*

Taberu signifie en effet aussi bien *mangeant* ou *étant mangé* que *on mange* ;

De même **tabeta** peut signifier *ayant mangé* ou *ayant été mangé* ; **tabeyō**, *devant manger* (Cf. les exemples au *pronom relatif*).

Dans les propositions principales, on emploie de préférence la conjugaison composée, qui est ainsi presque la seule usitée dans la conversation et qui a d'ailleurs l'avantage d'être d'un emploi beaucoup plus simple et plus facile.

VERBES *avoir* ET *être*.

Le japonais n'a pas de verbe correspondant à notre verbe *avoir*. On le rend par le verbe = *être* (Cf. latin : *J'ai un livre — Est mihi liber*).

J'ai du pain (1). — **Watak'shi wa pan** (1) **ga ari-mas'** (*quant à moi, du pain est*).

Ce soldat (1) *a-t-il du tabac ?* — **Kono heishi** (1) **wa tabako ga ari-mas' ka** (*quant à ce soldat, est-ce-que du tabac est ?*).

(a) **s**, **sh** se permutent selon la lettre qui les suit.

CONJUGAISON DU VERBE **ari**, *être*.

La conjugaison de **ari**, *être*, est identique à celle des verbes ordinaires.

	Conjugaison simple	*Conjugaison composée*
Présent	**watak'shi wa aru** *je suis*	**watak'shi wa ari-mas'**
Passé	————— **atta** *j'ai été*	————— **ari-mash'ta**
Futur	————— **arō** *je serai*	————— **ari-mashō**
Futur antérieur	—— **attarō** *j'aurai été*	——— **ari-mash'tarō**
Impératif (manque)	*soyez*	**ari-masé** (**mashi**)

Il est une 3ᵉ forme de ce verbe, plus polie, comme nous l'avons dit, que les deux précédentes, c'est :

Présent	**watak'shi wa gozari** (ou **gozai**) **mas'**	*je suis*
Passé	——————— **gozari-mash'ta**	*j'ai été*
Futur	——————— **gozari-mashō**	*je serai*
Futur antérieur	——————— **gozari-mash'tarō**	*j'aurai été*
Impératif	——————— **gozari-masé** ou **g.-mashi** *soyez*	

Remarque. — Lorsque **aru** ou **ari-mas'** sont précédés d'un attribut (qui est généralement suivi de la particule **de**),

de aru	se contracte souvent en **da**
de ari-mas'	— en **des'**
de ari-mash'ta	— en **desh'ta**,
de ari-mashō	— en **deshō**

Cette fleur est belle (1). — **Kono hana wa kirei** (**1**) **des'** (pour **de ari-mas'**).

Ce capitaine (1) *est le fils* (2) *d'un général* (3). — **Kono taii** (**1**) **wa taishō** (**3**) **no mus'ko** (**2**) **des'**.

[*C*]*'est* (1) *l'hiver* (2). — **Fuyu** (**2**) **de gozai-mas'** (**1**).

Le verbe **ari** ne traduit pas seulement *avoir* et *être*, mais encore nos impersonnels *il y a, il est, il fait*.

Il y a du vin = *du vin* (1) *est*. — **Budoshu** (**1**) **ga ari-mas'**.

Quel temps fait-il ? Il fait beau. (*Le temps* (1) *comment* (2) *est ? Le temps* [*est*] *beau*.) — **Tenki** (**1**) **wa ikaga** (**2**) **des' ka.** — **Tenki ga yoi.**

Il fait (*il y a*) *du brouillard.* (*Du br.* (1) *est.*) — **Kiri** (**1**) **ga aru** (**ari-mas'** ou **gozai-mas'**).

Conjugaison négative

Le japonais offre cette particularité remarquable d'avoir, outre la conjugaison (affirmative) que nous venons d'exposer, une conjugaison négative, que l'on doit employer toutes les fois que nous employons en français la négation *ne, ne... pas*. La négation s'y joint intimement au verbe et ne fait qu'un avec lui.

TABLEAU DES DÉSINENCES

De la conjugaison négative simple.

Verbes en **e**	*Verbes en* **i**
Présent — n', — nai	— an'-anai
Passé — nanda, —nakatta	— ananda, — anakatta
Futur — mai	— umai
Fut. ant. — nandarō,-nakattarō	— anandarō,-anakattarō

De la Conjugaison négative de l'auxiliaire **mashi.**

Présent — **masen'**
Passé — **masenanda (masenakatta)**
Futur — **mas'mai**
Futur antérieur — **masenandaro (masenakattaro)**

CONJUGAISONS NÉGATIVES SIMPLE ET COMPOSÉE DU VERBE **tabe.**

Remarque. — Pour abréger, nous remplaçons la liste des pronoms par l'indéfini *on.*

Conjugaison simple.

Présent :	**taben', tabenai**	*On ne mange pas.*
Passé :	**tabenanda, tabe-**	*On n'a pas mangé.*
	nakatta	
Futur :	**tabemai**	*On ne mangera pas.*
Futur antérieur :	**tabenandarō, tabe-**	*On n'aura pas mangé*
	nakattarō.	

Conjugaison composée.

Présent :	**tabe-masen'**	*On ne mange pas.*
Passé :	**tabe-masenanda**	*On n'a pas mangé.*
	(masenakatta)	
Futur :	**tabe-mas'mai**	*On ne mangera pas.*
Fut. ant. :	**tabe-masenandaro**	*On n'aura pas mangé.*
	(masenakattaro)	
Impératif :	**o-tabe nasaimasuna**	*Ne mangez pas, je vous prie.*

CONJUGAISON NÉGATIVE DE ari, ÊTRE

	Simple	*Composée*	
Présent :	**nai** ou	**ari** (gozari)-**masen'**	*On n'est pas.*
Passé :	**nakatta**	**ari**-**masenanda**	*On n'a pas été.*
		(**masenakatta**)	
Futur :	**nakarō**	**ari**-**mas'mai**	*On ne sera pas.*
Fut. ant.	**nakattarō**	**ari**-**masenandaro**	*On n'aura pas été.*
		(**masenakattaro**)	

Il n'y a pas de brume (1). — **Kiri (1) ga nai** (**ari**-**masen'**, **gozari-masen'**).

[Il] n'est- pas (1) encore (2) midi (douze (3) heures (4)). — **Mada (2) juni (3) ji (4) de gozai-masen' (1).**

On peut voir par ces deux exemples que le sujet réel des verbes français *il y a, il est*, etc., peut se rendre en japonais soit comme sujet, soit comme attribut.

VOIX PASSIVE

Le radical du verbe passif se forme de celui de la voix active par la simple addition de **rare** dans les verbes en **e** et le changement de **i** en **are** dans les verbes en **i**.

tabe, *manger* — **taberare**, *être mangé*.

konomi, *aimer* — **konomare**, *être aimé*.

La conjugaison de la voix passive est de tout point semblable, au radical près, à celle de la voix active (verbes en **e**) : les désinences sont identiques pour les deux voix.

On est aimé = **konomareru** ou **konomare-mas'**.

On n'est pas aimé = **konomaren'** ou **konomare-masen'**.

Le frère (1) de cet homme a été tué (2). — **Ano hito no kyōdai (1) wa korosare-mash'ta (2)** (de **koroshi**, *tuer*).

Cette loi (1) sera abrogée (2). — **Ano hōrits (1) wa haisare-mashō (2)** (de **haishi**, *abroger*).

RÉSUMÉ.

Comme on a pu voir par cet exposé, la conjugaison en japonais, au moins dans la conversation, est des plus simples. Il suffit pour rendre un verbe, soit à l'actif, soit au passif, soit à la conjugaison affirmative, soit à la conjugaison négative, de faire suivre le radical de ce verbe du temps convenable de **mas'** ou de **masen'**, ce qui réduit en réalité l'étude de la conjugaison à la connaissance d'un très petit nombre de formes.

ANNEXE

Emploi de o (go).

La particule **o** (**go** devant les noms empruntés au chinois), et qui a littéralement le sens de *impérial*, s'emploie souvent par politesse dans le sens de *vous* (*votre*) devant un verbe à la 2ᵉ personne.

Parlez-vous français ? — **Frans'go wo o-hanashi des' ka.** (M. à m. *Votre parler français existe t-il ?*) [a]

On l'emploie également devant un nom dans le sens de *honorable*.

Comment (1) se-porte (2) votre (3) famille (4). — **Anata no (3) go-kanai (4) wa ikaga (1) de gozai-mas' (2) ka.** (Cf. all. *Ihre werte Familie.*)

On peut même se dispenser d'exprimer **anata no**, *votre*, la particule honorifique **o** (**go**) suffisant à rendre l'idée possessive = *votre honorable.*

Comment vous portez-vous ? (*Comment (1) est (2) votre-honorable santé (3).*) — **Go-kenko (3) wa ikaga (1) de gozai -mas (2) ka.**

---

[a] Cet exemple montre bien dans tout son jour la nature *nominale* du verbe japonais.

EXERCICES DE CONVERSATION

Nota. — *On ne doit passer à ces exercices qu'après s'être bien rendu maître des divers chapitres de la grammaire.*

Bonjour, [monsieur] (litt. quant à (pour) ce jour).	Konnichi (a) wa.
Bonsoir (pour ce soir).	Konban wa.
Comment vous portez-vous ? (comment est votre santé (1) ?)	Go-kenko (1) ikaga de gozai-mas' ka.
Merci, je me porte bien (quant à moi, l'action-de-se-bien-porter (1) est).	Arigatô, watak'shi wa jôbu (1) de gozai-mas'.
Quel temps fait-il ? (comment est le temps ?)	Tenki wa ikaga des' ka.
Ce-matin (1) il fait (est) beau (2).	Konchô (1) wa uts'kushû (2) gozai-mas'.
Il fait mauvais temps (chaud, froid).	Tenki wa warui (atsui, samui).
Il fait (1) du brouillard (2).	Kiri (2) ga ari-mas' (1).
Il fait très grand-vent (1).	Hanahada kazegachi (1) de gozai-mas'.
Il pleut (la pluie (1) tombe (2)).	Ame (1) furu (2).
Le thermomètre (1) est à 20° (quant au thermomètre, il y a 20 degrés).	Kandankei (1) wa, niju dô (*degré*) de gozai-mas'.
Quelle-heure (1) est-il ?	Nanji (pour *nani ji*) de gozai-mas' ka.
Il est 10 heures.	Juji de gozai-mas'.
Il n'est pas encore (1) midi (12 heures).	Mada (1) juni ji de gozai-masen'.
Il est 1 (1) heure (2) un quart (1 h. 15) (il est une heure quinze minutes de plus).	Ichi (1) ji (2) jugo fun (minutes) sugi (de plus) de gozai-mas'.
Je m'appelle Motono (mon nom est M.).	Watak'shi no na (*nom*) wa Motono des'.
Je suis marchand (1) (officier, (2), professeur (3)).	Watak'shi wa akindô (1) (shikan (2), kyôshi (3)) des'.

(a) *Kon* pour *kono*, ce.

Parlez-vous français (1) (anglais (2), allemand (3))? (votre parler français existe-t-il?)	Fransgo (1) (yeigo (2), doits-go (3)) wo o-hanashi dés' ka.
Fumez-vous? (prenez-vous du tabac?)	Anata wa tabako wo nomi-mas' ka.
Voici (1) des cigares (2) et (3) des allumettes (4) (ici sont...).	Koko-ni (1) makitabako (2) to (3) machi (4) ga ari-mas'.
Comprenez-vous ce que je viens de vous dire? (la chose (1) dite (2) par (3) moi (4) arrive-t-elle (5) à votre comprendre (6)?)	Anata wa (quant à vous) watak'shi (4) no (3) mosh'ta (a) (2) koto (1) ga o-wakari (6) ni nari mas' ka (5).
[Je] ne-comprends-pas (1) ce que vous dites (la chose (2) dite (3) par (4) vous (5)).	Anata (5) no (4) iu (a) (3) koto (2) wa wakari masen' (b) (1)
Que signifie ce mot? (quant à ce mot (1), quelle (2) signification (3) est?)	Sono kotoba (1) wa dō-iū (2) imi (3) de gozaimas' ka.
Qu'est cela? — Un livre (1).	Kore wa nani dés' ka. — Sore wa hon (1) dés'.
Il se fait sombre [cela] devient (1) sombre (2).	Kuroku (2) nari-mas' (1).
[Il] est très tard (1).	Hanahada osò (1) (de osoï) gozai-mas'.
Voici la nuit (1).	Yoru (1) de gozai-mas'.
Il fait clair-de-lune (1).	Tsukiyò (1) dés'.
En hiver (1) les soirées (2) [sont] longues (3).	Fuyu (1) wa yò (2) ga nagai (3).
Comment (1) avez-vous-reposé (2) la nuit-dernière (3)?	Sakuban (3) dô (1) yasun-da (2) ka.
Je n'ai pu fermer l'œil de la nuit (toute-la-nuit (1) l'action-de-fermer (2) l'œil (3) n'a-pas-été-possible (4).	Shuya (1) me (3) wo tojiru (2) koto ga dekinakatta (4) (de *dekinai*, être impossible).
Je me lève ordinairement de bon matin (pour moi, l'action-de-se-lever (1) de-bon-matin (2) ordinairement (3) est).	Watak'shi wa tsune-ni (3) hayaku (2) okiru mono (1) dés'.

(a) Les noms verbaux (comme *iu*, *mosh'ta*, etc.), employés comme participes, se construisent souvent avec *koto*, *mono*, *tokoro*, chose.

(b) Le pronom sujet sous-entendu représente *en général*, dans la conversation, la 2e personne dans les interrogations, la 1re dans les autres propositions.

Êtes-vous malade? (quant à vous la maladie (1) est-elle?)	Anata wa byōki (1) des' ka.
Où souffrez-vous? (La douleur (1) où (2) est-elle?)	Itami (1) wa doko-ni (2) gozai-mas' ka.
Que désirez-vous? (quel (1) est votre-besoin (2)?)	Nani (1) go yō (2) de gozai-mas' ka.
Voici (1) un échantillon (2) de nos articles (3).	Watak'shidomo no shina 3) no mihon (2) wa koko-ni (1) gozai-mas'.
Le prix (1) de cette étoffe (2) est de 3 yen (a) (3).	Kono tammono (2) no nedan (1) wa san yen (3) des'.
Ce prix est excessif (c'est un excessif (1) prix).	Sore wa hijō-na (1) nedan des'.
Où habitez-vous? (votre maison (1) où (2) est-elle?)	Anata no uchi (1) wa doko-ni (2) gozai-mas' ka.
Rentrez-vous? (l'action pour vous de retourner (1) à la maison est-elle?)	Anata wa uchi ni kaeru tokoro (1) des' ka.
Avez-vous des-chambres à-louer? (des-chambres-à-louer (1) sont-elles?)	Kashima (1) ga ari-mas' ka.
Cet homme va chez vous (quant à cet homme, l'action d'aller (1) à (2) la maison de vous est).	Ano hito wa anata no uchi ye (2) yuku tokoro (1) des'.
J'écris (1) une lettre.	Watak'shi wa tegami wo kaki-mas' (1).
Je lis le journal (1).	Watak'shi wa shimbun (1) wo yomi-mas'.
Y a-t-il quelqu'un (1)?	Dare-ka (1) ari-mas' ka.
M. (1) Kurino n'est-il pas là?	Kurino san (1) koko ni gozai-masen' ka.
Que mangerez-(mangez) vous?	Anata wa nani wo meshi-agari mas' ka.
Avez-vous soif? (quant à vous votre-avoir-soif (1) existe-t-il?)	Anata wa o-kawaki (1) des' ka.
Que puis-je vous offrir? (que [vous] offrirai-je?)	Nani wo saki-ni-age (offrir)-mashō.
Prendrez (prenez)-vous un verre (1) de vin (2)?	Budoshu (2) wo ippai (1) agari-mas' ka.

(a) Le *yen* = environ 3 fr. 75.

J'accepte (je prendrai un verre de vin).	Budoshu wo ippai agari-mashŏ.
Préférez-vous du vin blanc ou du vin-rouge? (le vin-blanc (1) est-il bon (3)? le vin-rouge (2) est-il bon?)	Shirobudŏ (1) ga yoroshii (3) ka. Akabudŏ (2) ga yoroshii ka. (*Noter cette façon d'exprimer la préférence.*)
Je prendrai (prends) du vin rouge.	Watak'shi wa akabudŏ nomi-mas'.
Je mangerai (mange) un peu (3) de viande (1) froide (2).	Tsumetai (2) niku (1) wo s'koshi (3) tabe mas'.
Voulez-vous des huîtres? (quant à vous est ce que votre aimer les huîtres (1) est?)	Anata wa kaki (1) wo o-konomi des' ka.
Merci (1), j'en ai assez (2) (assez est).	Arigatŏ (1), taksan (2 gozai-mas'.
Avez vous du thé (1) chaud?	Atsui cha (1) ga ari-mas' ka.
Donnez-moi du pain (1), je vous prie.	Watak'shi ni pan (1) wo ku-dasai (donnez, s'il vous plaît).
Je mangerai (1) un peu (2) de pain (3) et (4) de beurre (5).	Pan (3) hitokire (2) (morceau) to (4) gyurakŭ (5) wo chodai-itashi (1) mashŏ.
Ce riz (1) est bien chaud.	Kono meshi (1) wa hanahada atsui.
Cela est très bon.	Sore wa hanabada yoroshii.
Qu'y a-t-il à dîner (1)?	Hirumeshi (1) ni nani ga gozai-mas' ka.
J'aime bien le café (1).	Watak'shi wa kahii (1) wo konomi-mas'.
Je bois à votre santé (je prie votre santé).	Go-kenko wo inori-mas'.
Au revoir) Adieu)	Sayŏnara.

Il sera facile, à l'aide d'une liste de mots japonais disposés par ordre de matiéres (a), de multiplier les exercices ci-dessus, qui serviraient ainsi de guide et de modéle, et de former quantité de phrases analogues, trés suffisantes pour les besoins d'une conversation banale et ordinaire.

(a) On trouvera à cet égard dans Seidel, *Grammatik der Japanischen Schriftsprache*, 2 fr. 50, une liste systématique (de 16 pages) fort bien faite. On pourra de même employer le *Dictionnaire* de Raguet, indiqué ci-contre.

FIN.